AF194961

Impressum
Verlag: BABADADA GmbH, Nedderfeld 112 , 22529 Hamburg
Geschäftsführer / Verlagsleitung: Harald Hof
Druck: Books on Demand GmbH, In de Tarpen 42, 22848 Norderstedt

Imprint
Publisher: BABADADA GmbH, Nedderfeld 112 , 22529 Hamburg, Germany
Managing Director / Publishing direction: Harald Hof
Print: Books on Demand GmbH, In de Tarpen 42, 22848 Norderstedt

school

school

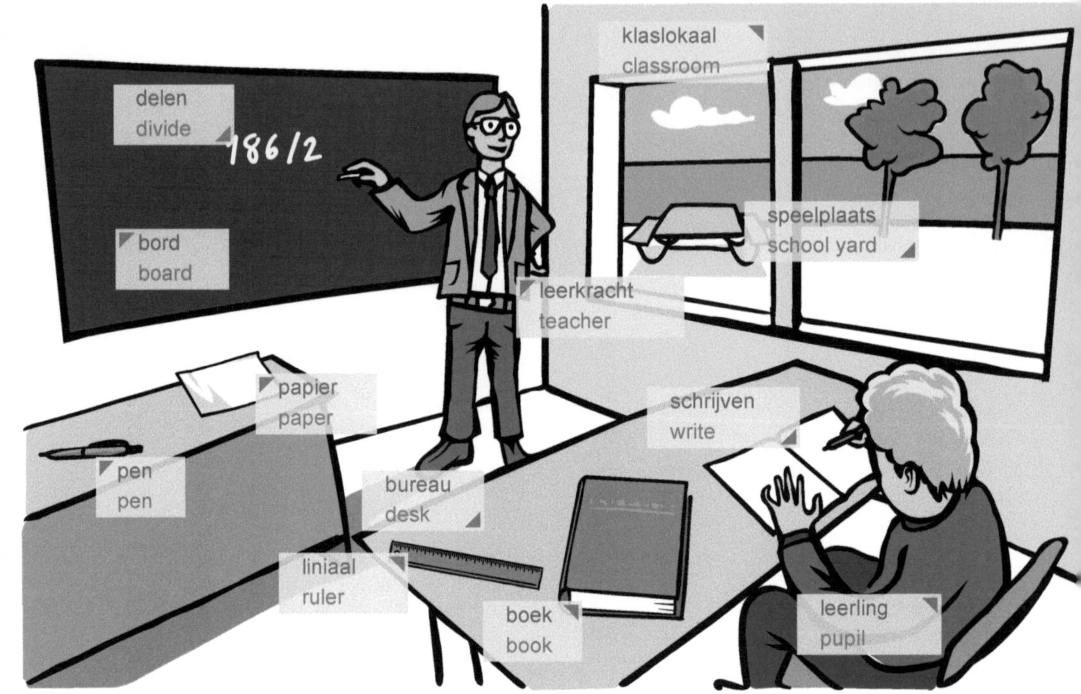
klaslokaal
classroom
delen
divide
186/2
bord
board
speelplaats
school yard
leerkracht
teacher
papier
paper
schrijven
write
pen
pen
bureau
desk
liniaal
ruler
boek
book
leerling
pupil

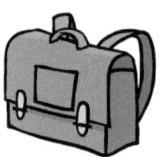

schooltas

satchel

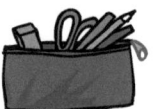

pennenzak

pencil case

potlood

pencil

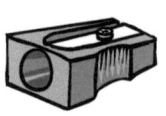

puntenslijper

pencil sharpener

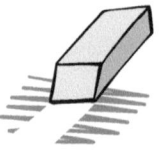

gom

rubber

tekenblok

drawing pad

tekening

drawing

verfborstel

paintbrush

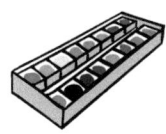

verfdoos

paint box

schaar

scissors

lijm

glue

werkboek

exercise book

huiswerk

homework

nummer

number

optellen

add

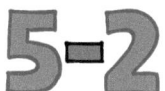

aftrekken

subtract

vermenigvuldigen

multiply

rekenen

calculate

letter

letter

alfabet

alphabet

woord

word

tekst

text

Lezen

read

krijt

chalk

les

lesson

klassenboek

register

examen

exam

certificaat

certificate

schooluniform

school uniform

onderwijs

education

encyclopedie

encyclopedia

universiteit

university

microscoop

microscope

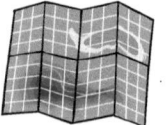

kaart

map

papiermand

waste-paper basket

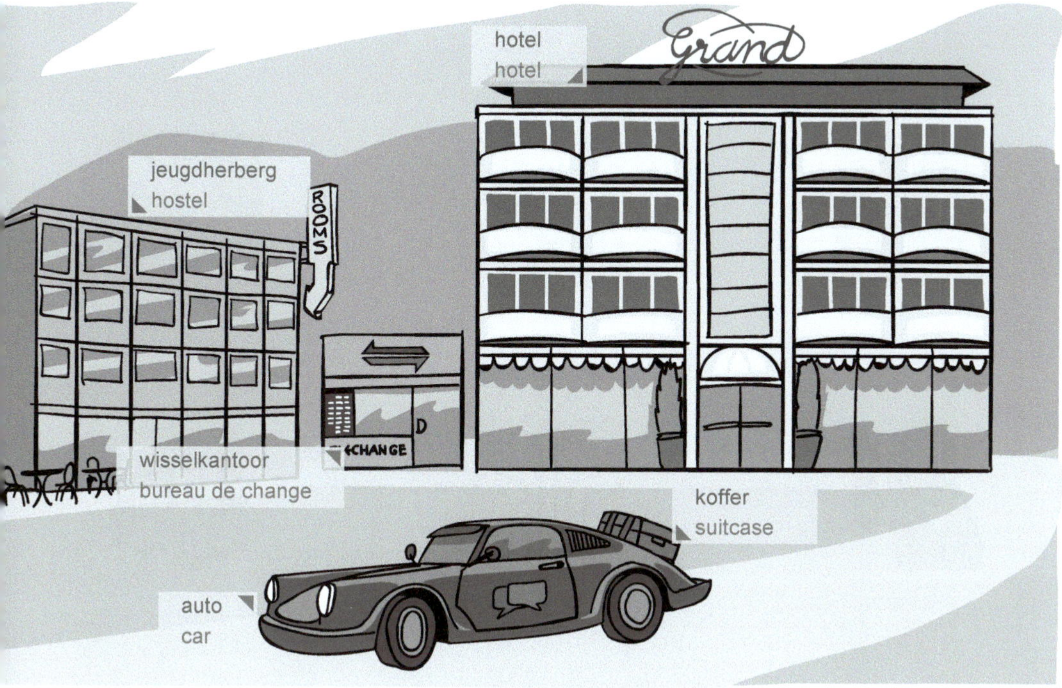
hotel
hotel
Grand
jeugdherberg
hostel
ROOMS
wisselkantoor
bureau de change
CHANGE
koffer
suitcase
auto
car

Taal

language

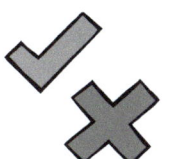

ja / nee

yes / no

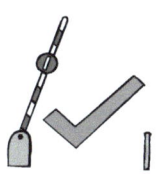

oké

Okay

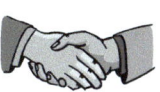

hallo

hello

vertaler

translator

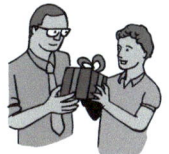

bedankt

Thank you

Hoeveel kost …?

how much is…?

Ik begrijp het niet

I do not understand

probleem

problem

Goedenavond!

Good evening!

Goedemorgen!

Good morning!

Goedenavond!

Good night!

Tot ziens

bye bye

richting

direction

bagage

luggage

zak

bag

rugzak

backpack

gast

guest

kamer

room

slaapzak

sleeping bag

tent

tent

toeristeninformatie

tourist information

strand

beach

kredietkaart

credit card

ontbijt

breakfast

lunch

lunch

avondeten

dinner

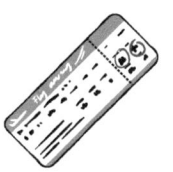

ticket

ticket

lift

lift

postzegel

stamp

grens

border

douane

customs

ambassade

embassy

visum

visa

paspoort

passport

transport
transport

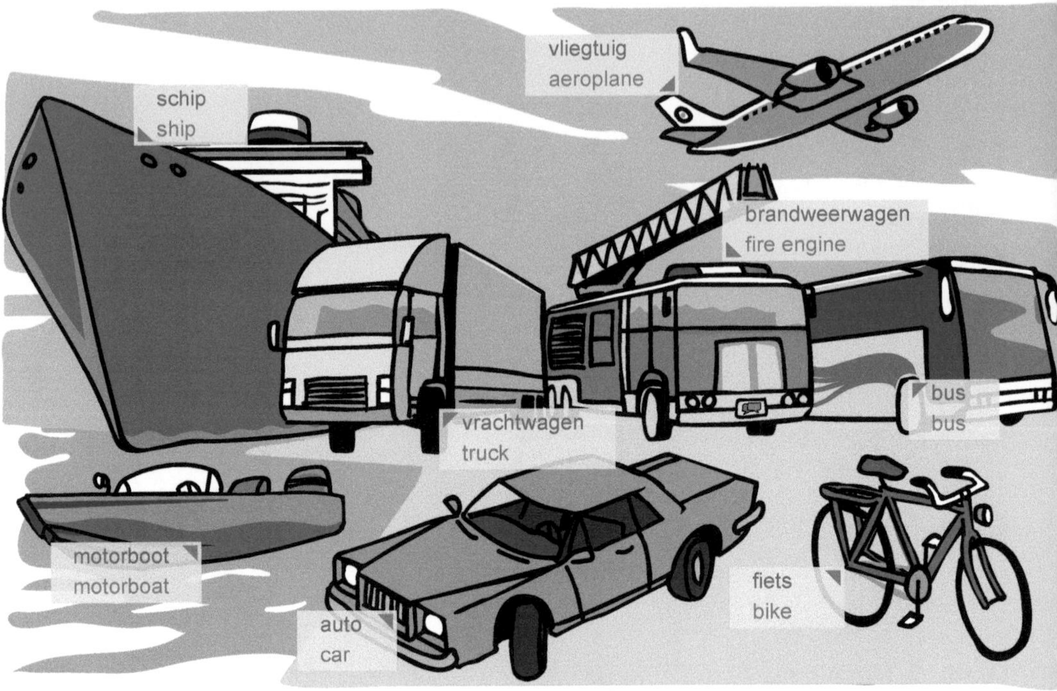
vliegtuig
aeroplane
schip
ship
brandweerwagen
fire engine
bus
bus
vrachtwagen
truck
motorboot
motorboat
fiets
bike
auto
car

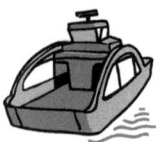

veerboot

ferry

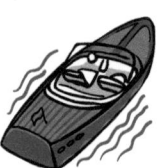

boot

boat

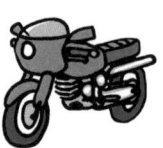

motor

motorbike

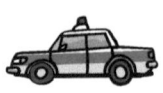

politiewagen

police car

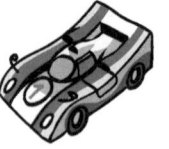

racewagen

racing car

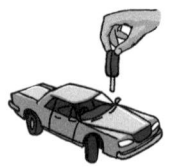

huurauto

rental car

carpoolen
car sharing

sleepwagen
breakdown truck

vuilniswagen
refuse truck

motor
motor

benzine
fuel

benzinestation
petrol station

verkeersbord
traffic sign

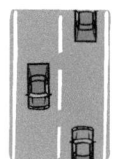

verkeer
traffic

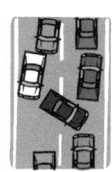

file
traffic jam

parkeerplaats
car park

station
train station

sporen
tracks

trein
train

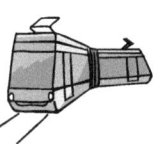

tram
tram

wagon
carriage

helikopter

helicopter

luchthaven

airport

toren

tower

passagier

passenger

container

container

karton

carton

kar

cart

mand

basket

opstijgen / landen

take off / land

stad

city

dorp

village

stadscentrum

city centre

huis

house

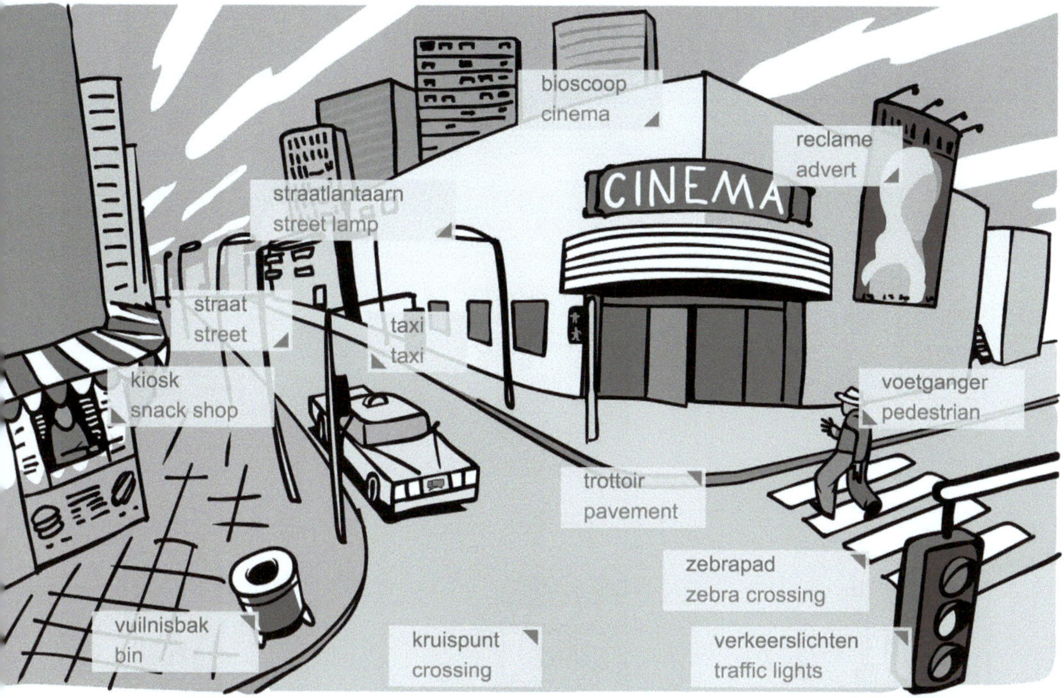

bioscoop
cinema

reclame
advert

straatlantaarn
street lamp

CINEMA

straat
street

taxi
taxi

kiosk
snack shop

voetganger
pedestrian

trottoir
pavement

zebrapad
zebra crossing

vuilnisbak
bin

kruispunt
crossing

verkeerslichten
traffic lights

hut
hut

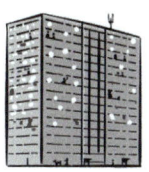

woning
flat

station
train station

stadshuis
town hall

museum
museum

school
school

stad - city

universiteit

university

bank

bank

ziekenhuis

hospital

hotel

hotel

apotheek

pharmacy

kantoor

office

boekwinkel

book shop

winkel

shop

bloemenwinkel

florist's

supermarkt

supermarket

markt

market

warenhuis

department store

vishandelaar

fishmonger's

winkelcentrum

shopping centre

haven

harbour

park
park

bank
bench

brug
bridge

trap
stairs

metro
underground

tunnel
tunnel

bushalte
bus stop

bar
bar

restaurant
restaurant

brievenbus
postbox

straatnaambord
street sign

parkeermeter
parking meter

zoo
zoo

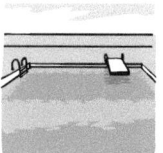

zwembad
swimming pool

moskee
mosque

boerderij
farm

milieuverontreiniging
pollution

kerkhof
graveyard

kerk
church

speelplaats
playground

tempel
temple

landschap
landscape

blad
leaf

wegwijzer
signpost

weg
way

weide
meadow

steen
stone

boom
tree

wandelaar
hiker

rivier
river

gras
grass

bloem
flower

vallei
valley

heuvel
hill

meer
lake

bos
forest

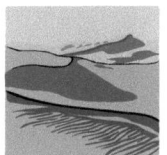

woestijn
desert

vulkaan
volcano

kasteel
castle

regenboog
rainbow

paddenstoel
mushroom

palmboom
palm tree

mug
mosquito

vlieg
fly

mier
ant

bijl
bee

spin
spider

kever

beetle

kikker

frog

eekhoorn

squirrel

egel

hedgehog

haas

hare

uil

owl

vogel

bird

zwaan

swan

wild zwijn

boar

hert

deer

eland

moose

dam

dam

windturbine

wind turbine

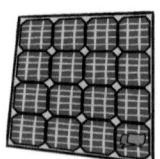

zonnepaneel

solar panel

klimaat

climate

restaurant

restaurant

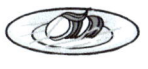

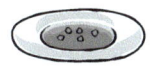

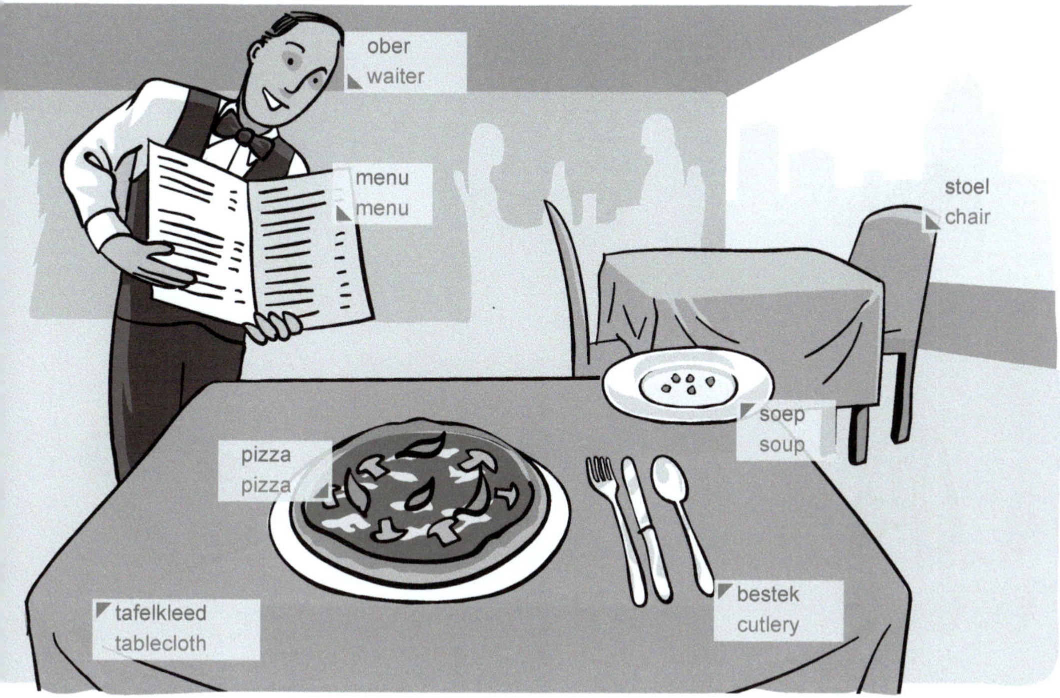
ober
waiter
menu
menu
stoel
chair
soep
soup
pizza
pizza
bestek
cutlery
tafelkleed
tablecloth

voorgerecht

starter

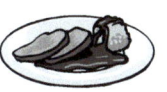

hoofdgerecht

main course

nagerecht

dessert

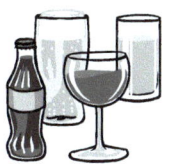

drankjes

drinks

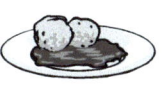

eten

food

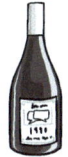

fles

bottle

fastfood

fast food

street food

street food

theepot

teapot

suikerpot

sugar bowl

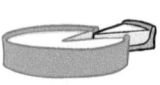

portie

portion

espressomachine

espresso machine

kinderstoel

high chair

rekening

bill

dienblad

tray

mes

knife

vork

fork

lepel

spoon

theelepel

teaspoon

serviette

serviette

glas

glass

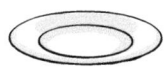

bord
plate

soepbord
soup plate

schoteltje
saucer

saus
sauce

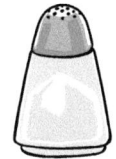

zoutvatje
salt pot

pepermolen
pepper mill

azijn
vinegar

olie
oil

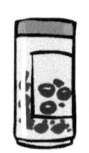

kruiden
spices

ketchup
ketchup

mosterd
mustard

mayonaise
mayonnaise

supermarkt
supermarket

aanbieding
special offer
FOR
klant
customer
zuivelproducten
dairy
fruit
fruit
winkelwagen
trolley

BUTCHERS

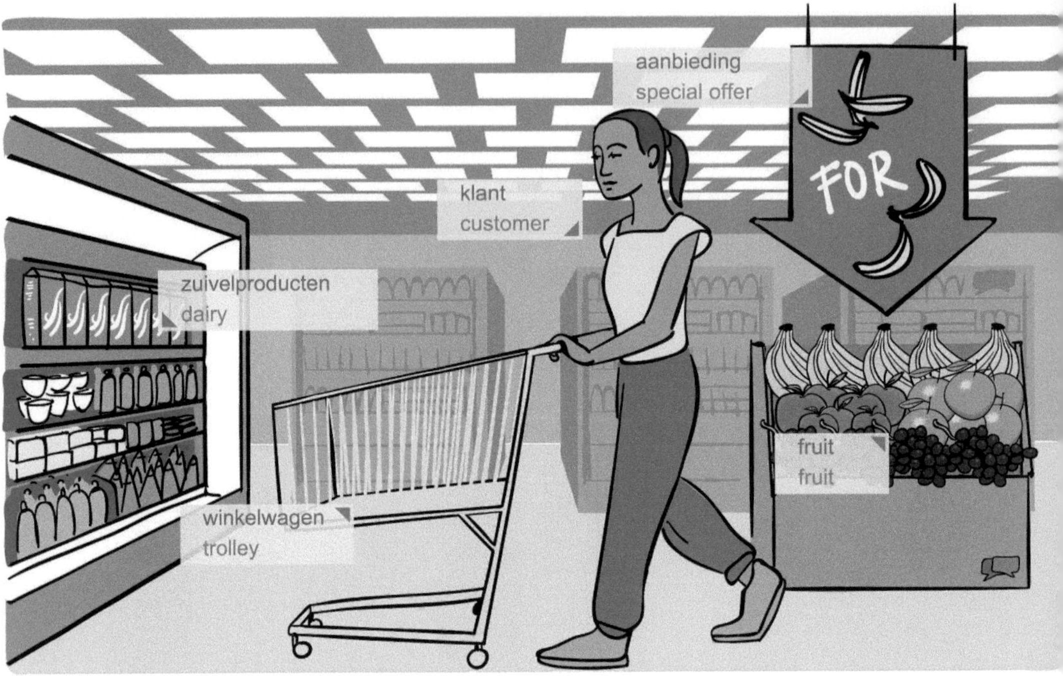

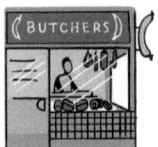

slagerij

butcher´s

BAKERY

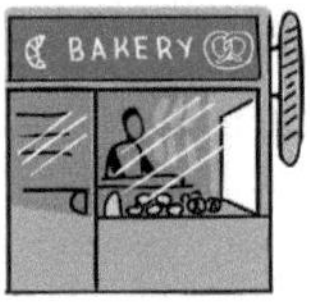

bakkerij

baker´s

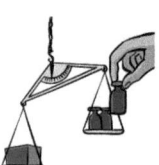

wegen

weigh

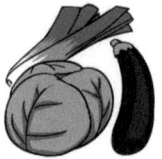

groenten

vegetables

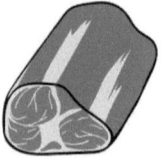

vlees

meat

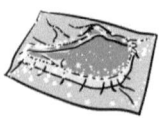

diepvriesvoedsel

frozen food

charcuterie

cold meat

conserven

tinned food

waspoeder

washing powder

snoep

sweets

huishoudproducten

household products

schoonmaakproducten

cleaning products

verkoopster

salesperson

kassa

till

kassier

cashier

boodschappenlijstje

shopping list

openingstijden

opening hours

portefeuille

wallet

kredietkaart

credit card

tas

bag

plastieken zakje

plastic bag

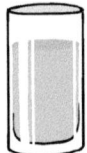

water

water

sap

juice

melk

milk

cola

coke

wijn

wine

bier

beer

alcohol

alcohol

cacao

cocoa

thee

tea

koffie

coffee

espresso

espresso

cappuccino

cappuccino

banaan

banana

appel

apple

sinaasappel

orange

meloen

melon

citroen

lemon

wortel

carrot

knoflook

garlic

bamboe

bamboo

ajuin

onion

champignon

mushroom

noten

nuts

noodles

noodles

spaghetti

spaghetti

rijst

rice

salade

salad

frieten

chips

gebakken aardappelen

fried potatoes

pizza

pizza

hamburger

hamburger

sandwich

sandwich

kalfslapje

cutlet

ham

ham

salami

salami

worst

sausage

kip

chicken

braden

roast

vis

fish

havervlokken
porridge oats

muesli
muesli

cornflakes
cornflakes

bloem
flour

croissant
croissant

pistolet
bread roll

brood
bread

toast
toast

koekjes
biscuits

boter
butter

kwark
curd

taart
cake

ei
egg

spiegelei
fried egg

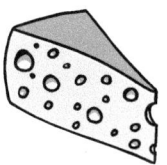

kaas
cheese

ijs

ice cream

suiker

sugar

honing

honey

confituur

jam

choco

chocolate spread

curry

curry

boerderij
farmhouse

strobaal
straw bale

schuur
barn

veld
field

paard
horse

aanhangwagen
trailer

tractor
tractor

veulen
foal

ezel
donkey

schaap
sheep

lam
lamb

geit

goat

koe

cow

kalf

calf

varken

pig

biggetje

piglet

stier

bull

gans
goose

eend
duck

kuiken
chick

kip
hen

haan
cock

rat
rat

kat
cat

muis
mouse

os
ox

hond
dog

hondenhok
doghouse

tuinslang
garden hose

gieter
watering can

zeis
scythe

ploeg
plough

sikkel

sickle

schoffel

hoe

hooivork

pitchfork

bijl

axe

kruiwagen

wheelbarrow

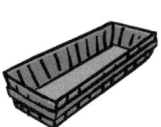

trog

trough

melkkan

milk can

zak

sack

hek

fence

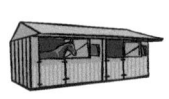

stal

stable

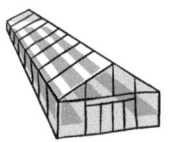

broeikas

greenhouse

bodem

soil

zaad

seed

mest

fertilizer

maaidorser

combine harvester

oogsten

harvest

oogst

harvest

yam

yams

tarwe

wheat

soja

soy

aardappel

potato

maïs

corn

koolzaad

rapeseed

fruitboom

fruit tree

maniok

cassava

graan

cereals

huis

house

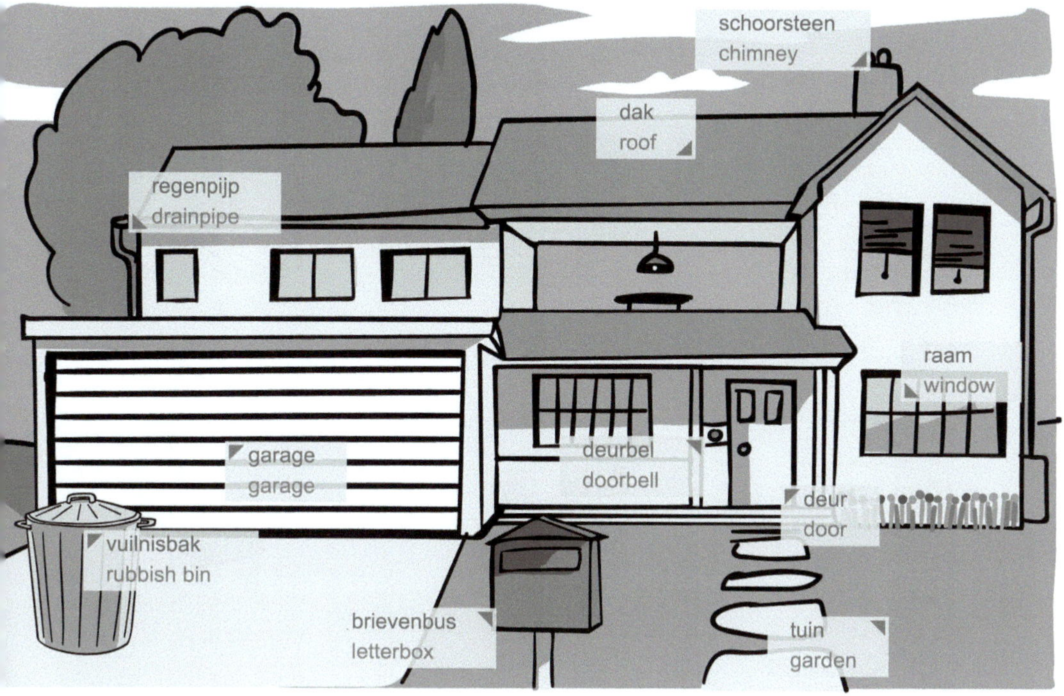
schoorsteen
chimney
dak
roof
regenpijp
drainpipe
raam
window
garage
garage
deurbel
doorbell
deur
door
vuilnisbak
rubbish bin
brievenbus
letterbox
tuin
garden

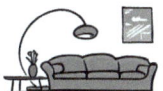

woonkamer

living room

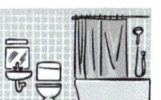

badkamer

bathroom

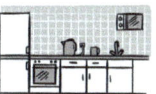

keuken

kitchen

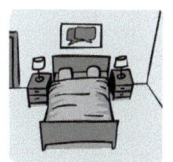

slaapkamer

bedroom

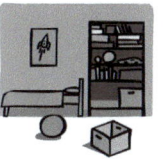

kinderkamer

child's room

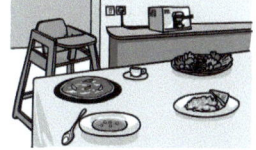

eetkamer

dining room

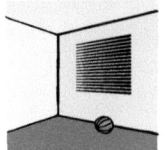

vloer

floor

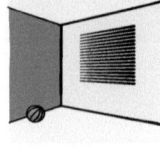

muur

wall

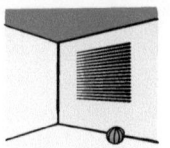

plafond

ceiling

kelder

cellar

sauna

sauna

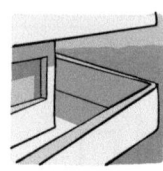

balkon

balcony

terras

terrace

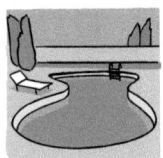

zwembad

pool

grasmaaier

lawn mower

dekbedovertrek

sheet

dekbed

bedspread

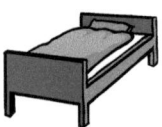

bed

bed

bezem

broom

emmer

bucket

schakelaar

switch

woonkamer
living room

behangpapier
wallpaper
foto
picture
lamp
lamp
schap
shelf
kast
cupboard
televisie
television
open haard
fireplace
bloem
flower
kussen
cushion
sofa
sofa
vaas
vase
afstandsbediening
remote control

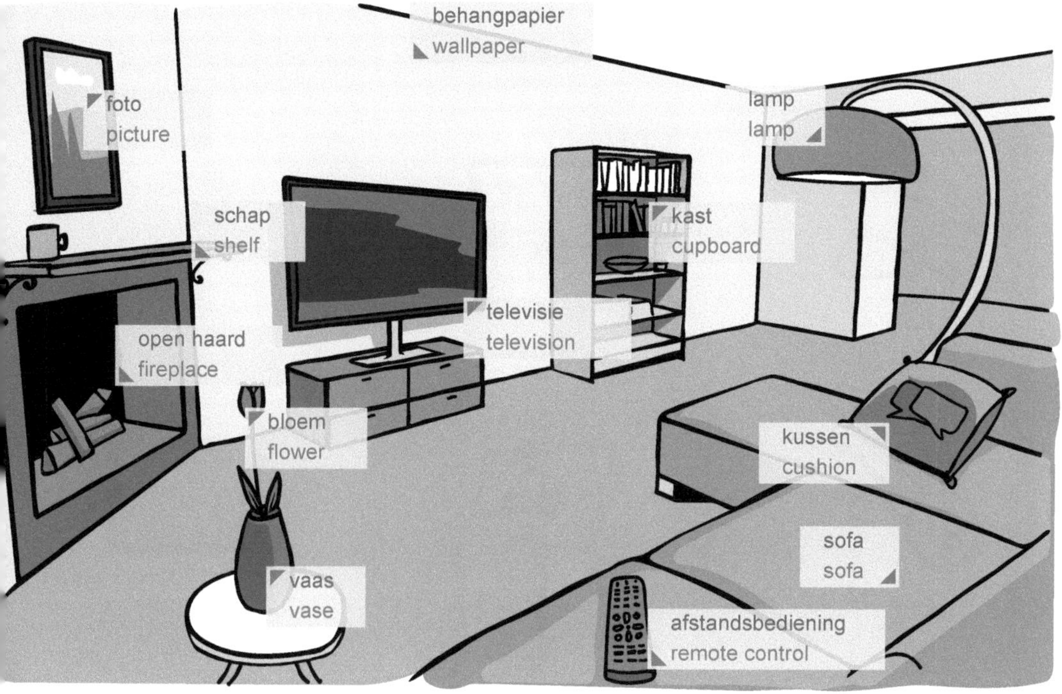

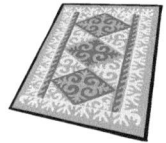

mat
carpet

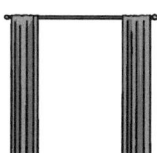

gordijn
curtain

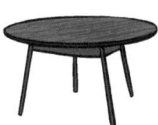

tafel
table

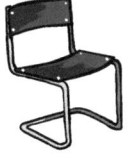

stoel
chair

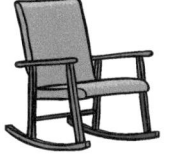

schommelstoel
rocking chair

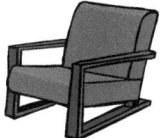

fauteuil
armchair

boek

book

deken

blanket

decoratie

decoration

brandhout

firewood

film

film

stereo-installatie

hi-fi equipment

sleutel

key

krant

newspaper

schilderij

painting

poster

poster

radio

radio

notitieboekje

notepad

stofzuiger

hoover

cactus

cactus

kaars

candle

keuken
kitchen

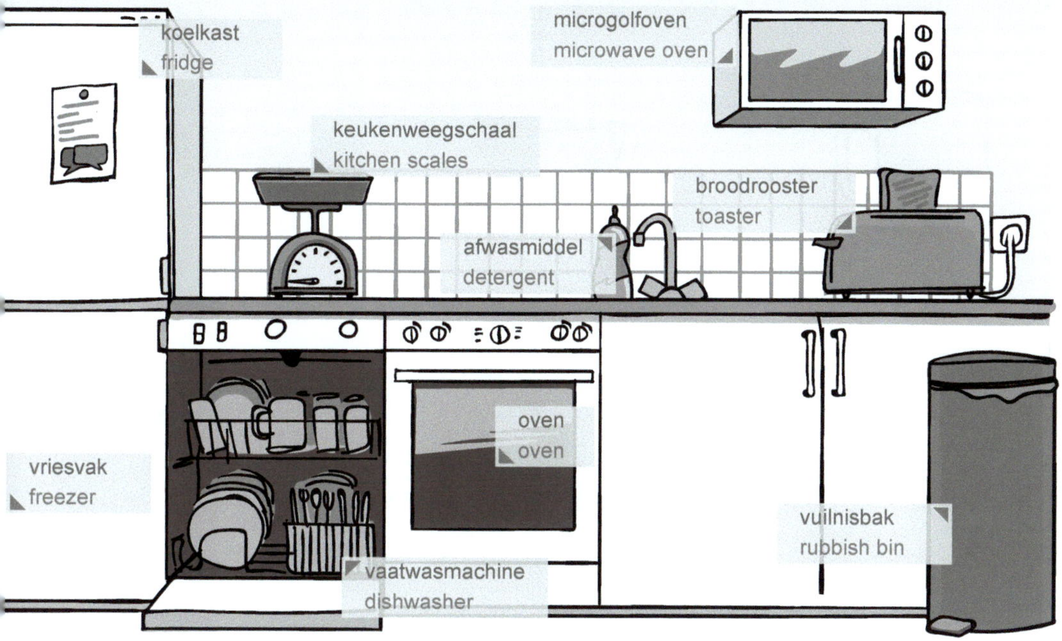
koelkast
fridge
microgolfoven
microwave oven
keukenweegschaal
kitchen scales
broodrooster
toaster
afwasmiddel
detergent
oven
oven
vriesvak
freezer
vuilnisbak
rubbish bin
vaatwasmachine
dishwasher

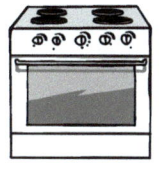

fornuis
cooker

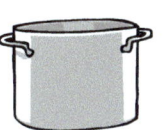

pot
pot

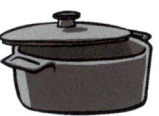

gietijzeren pot
cast-iron pot

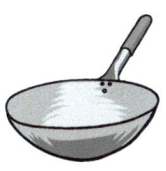

wok / kadai
wok / kadai

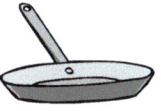

pan
pan

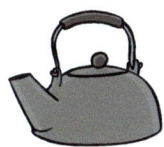

waterkoker
kettle

stoomkoker

steamer

bakplaat

baking tray

servies

crockery

mok

mug

kom

bowl

eetstokjes

chopsticks

pollepel

ladle

spatel

spatula

garde

whisk

vergiet

strainer

zeef

sieve

rasp

grater

mortier

mortar

barbecue

barbecue

haardvuur

open fire

snijplank

chopping board

deegrol

rolling pin

kurkentrekker

corkscrew

blik

can

blikopener

can opener

pannenlap

pot holder

gootsteen

sink

borstel

brush

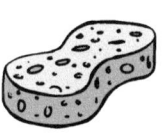

spons

sponge

blender

blender

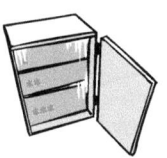

vriezer

deep freezer

papfles

baby bottle

kraan

tap

badkamer

bathroom

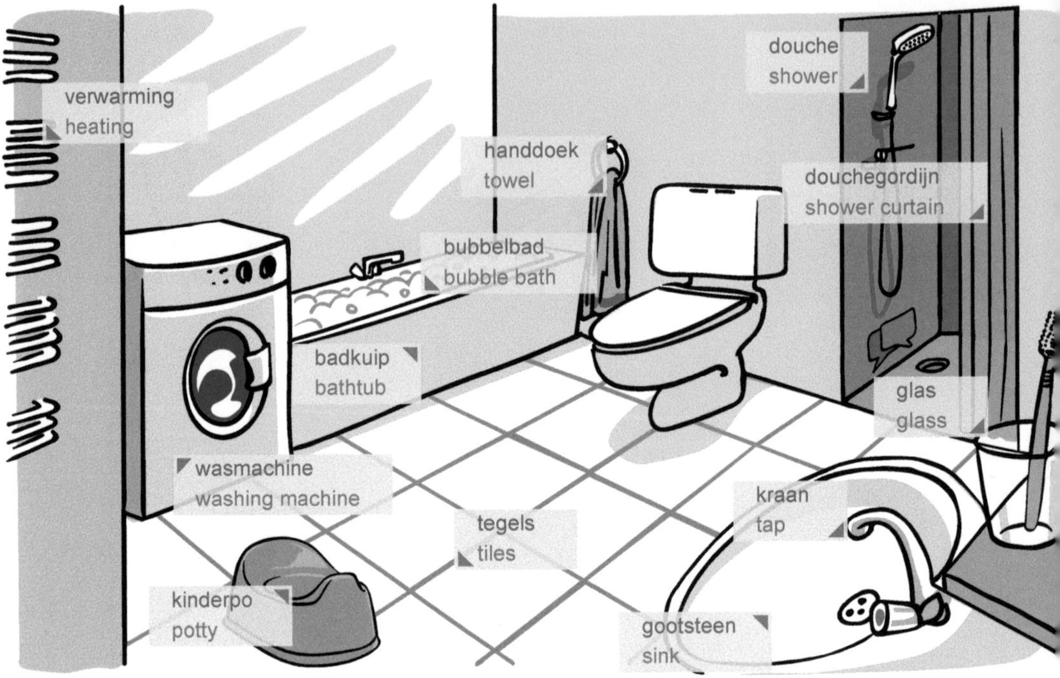
douche
shower
verwarming
heating
handdoek
towel
douchegordijn
shower curtain
bubbelbad
bubble bath
badkuip
bathtub
glas
glass
wasmachine
washing machine
kraan
tap
tegels
tiles
kinderpo
potty
gootsteen
sink

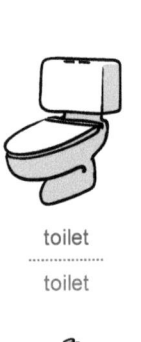

toilet

toilet

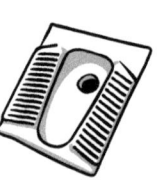

hurktoilet

squat toilet

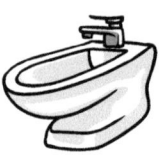

bidet

bidet

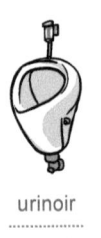

urinoir

urinal

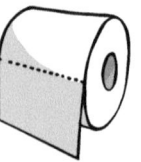

toiletpapier

toilet paper

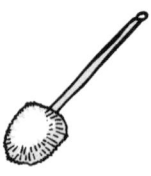

toiletborstel

toilet brush

tandenborstel
toothbrush

tandpasta
toothpaste

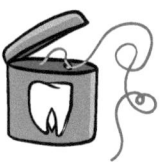

flosdraad
dental floss

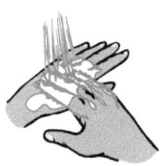

wassen
wash

handdouche
handheld shower

bidethanddouche
douche

waskom
basin

rugborstel
back brush

zeep
soap

douchegel
shower gel

shampoo
shampoo

washandje
flannel

afvoer
drain

crème
cream

deodorant
deodorant

spiegel

mirror

handspiegel

hand mirror

scheermes

razor

scheerschuim

shaving foam

aftershave

aftershave

kam

comb

borstel

brush

haardroger

hair dryer

haarlak

hairspray

make-up

makeup

lippenstift

lipstick

nagellak

nail varnish

watten

cotton wool

nagelknipper

nail scissors

parfum

perfume

toilettas

washbag

kruk

stool

weegschaal

weighing scale

badjas

bathrobe

latex handschoenen

rubber gloves

tampon

tampon

maandverband

sanitary towel

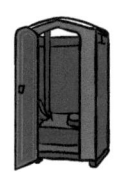

chemisch toilet

chemical toilet

kinderkamer
child's room

wekker
alarm clock
knuffel
cuddly toy
speelgoedauto
toy car
rammelaar
rattle
poppenhuis
doll's house
geschenk
present

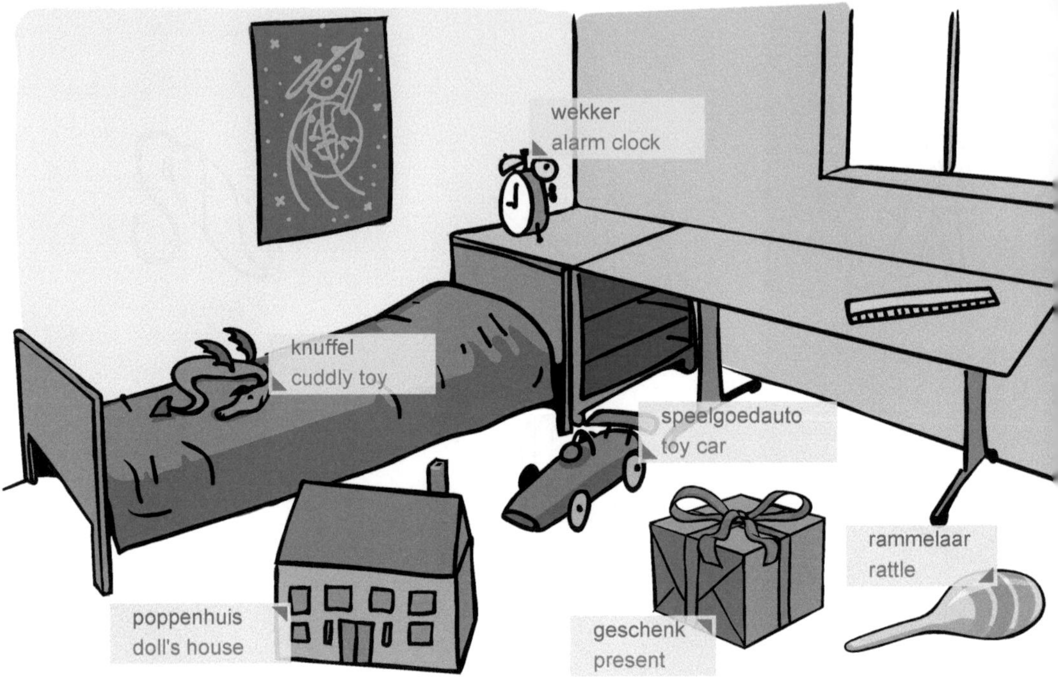

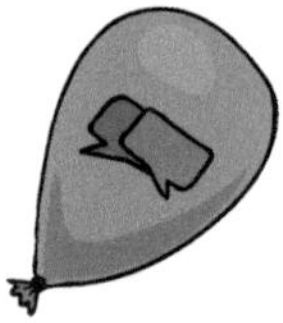

ballon

balloon

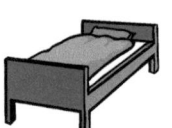

bed

bed

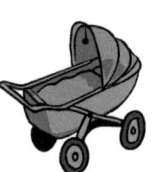

kinderwagen

pram

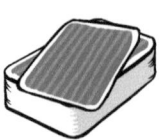

spel kaarten

deck of cards

puzzel

jigsaw

SUPER MEGA

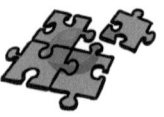

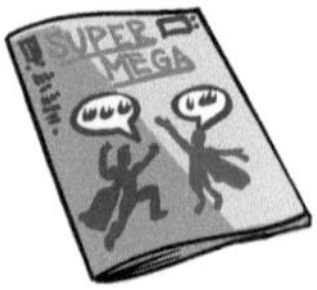

stripboek

comic

legoblokjes
lego bricks

blokken
building blocks

actiefiguur
action figure

kruippakje
babygrow

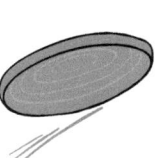

frisbee
frisbee

mobiel
mobile

bordspel
board game

dobbelsteen
dice

modelspoorweg
model train set

fopspeen
dummy

feest
party

prentenboek
picture book

bal
ball

pop
doll

spelen
play

zandbak

sandpit

schommel

swing

speelgoed

toys

spelconsole

video game console

driewieler

tricycle

knuffelbeer

teddy bear

kleerkast

wardrobe

kleding

clothing

sokken

socks

kousen

stockings

maillot

tights

sjaal
scarf

paraplu
umbrella

riem
belt

T-shirt
t-shirt

laarzen
boots

slippers
slippers

sneakers
trainers

sandalen
sandals

schoenen
shoes

rubberlaarzen
rubber boots

onderbroek
underpants

beha
bra

onderhemd
vest

kleding - clothing

lichaam

body

broek

trousers

jeans

jeans

rok

skirt

blouse

blouse

hemd

shirt

trui

pullover

capuchontrui

hoodie

blazer

blazer

jas

jacket

jas

coat

regenjas

raincoat

kostuum

costume

jurk

dress

trouwjurk

wedding dress

pak

suit

nachthemd

nightgown

pyjama

pyjamas

sari

sari

hoofddoek

headscarf

tulband

turban

boerka

burqa

kaftan

kaftan

abaya

abaya

badpak

swimsuit

zwembroek

trunks

short

shorts

trainingspak

tracksuit

schort

apron

handschoenen

gloves

knoop

button

bril

glasses

armband

bracelet

ketting

necklace

ring

ring

oorbel

earring

pet

cap

kapstok

coat hanger

hoed

hat

das

tie

rits

zip

helm

helmet

bretellen

braces

schooluniform

school uniform

uniform

uniform

slabbetje
bib

fopspeen
dummy

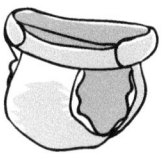

luier
nappy

kantoor
office

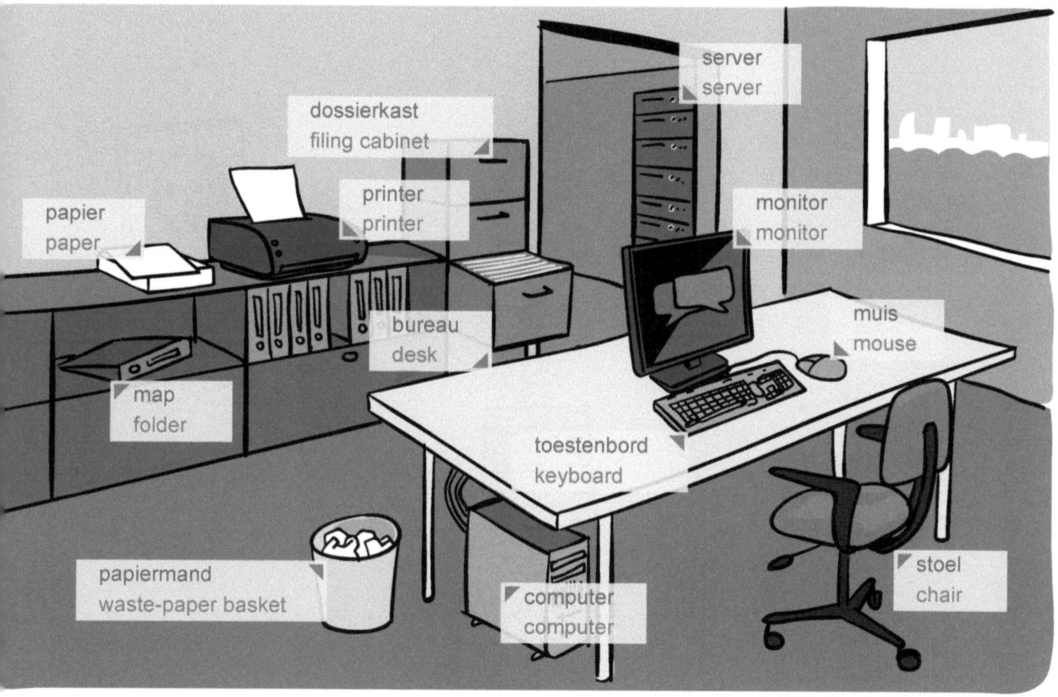

server
server

dossierkast
filing cabinet

papier
paper

printer
printer

monitor
monitor

bureau
desk

muis
mouse

map
folder

toestenbord
keyboard

papiermand
waste-paper basket

stoel
chair

computer
computer

koffiemok
coffee mug

rekenmachine
calculator

internet
internet

laptop

laptop

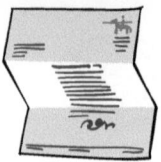

brief

letter

bericht

message

gsm

mobile

netwerk

network

kopieerapparaat

photocopier

software

software

telefoon

telephone

stopcontact

plug socket

fax

fax machine

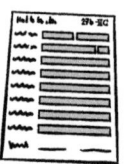

formulier

form

document

document

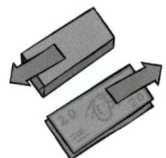

kopen
buy

betalen
pay

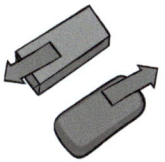

handelen
trade

geld
money

dollar
dollar

euro
euro

yen
yen

roebel
rouble

Zwitserse frank
Swiss franc

Chinese renminbi
renminbi yuan

roepie
rupee

geldautomaat
cashpoint

wisselkantoor

bureau de change

goud

gold

zilver

silver

olie

oil

energie

energy

prijs

price

contract

contract

belasting

tax

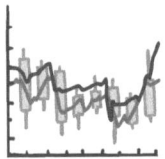

aandeel

stock

werken

work

werknemer

employee

werkgever

employer

fabriek

factory

winkel

shop

beroepen
occupations

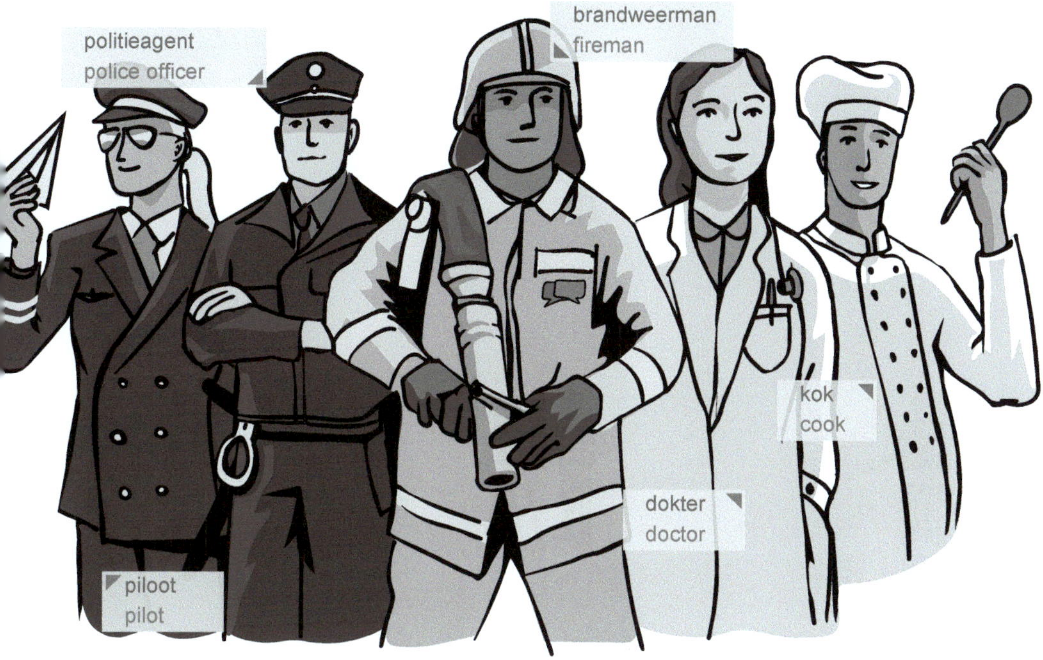

politieagent
police officer
brandweerman
fireman
kok
cook
dokter
doctor
piloot
pilot

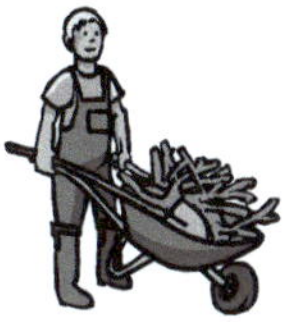

tuinman

gardener

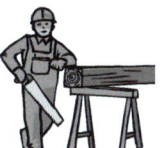

timmerman

carpenter

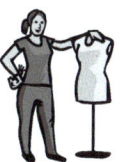

naaister

seamstress

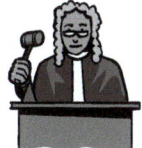

rechter

judge

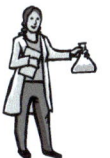

chemicus

chemist

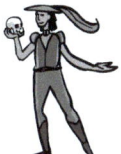

acteur

actor

buschauffeur

bus driver

taxichauffeur

taxi driver

visser

fisherman

schoonmaakster

cleaning lady

dakdekker

roofer

ober

waiter

jager

hunter

schilder

painter

bakker

baker

elektricien

electrician

bouwvakker

builder

ingenieur

engineer

slager

butcher

loodgieter

plumber

postbode

postman

soldaat

soldier

architect

architect

kassier

cashier

bloemist

florist

kapper

hairdresser

conducteur

conductor

mecanicien

mechanic

kapitein

captain

tandarts

dentist

wetenschapper

scientist

rabbijn

rabbi

imam

imam

monnik

monk

geestelijke

clergyman

werktuigen
tools

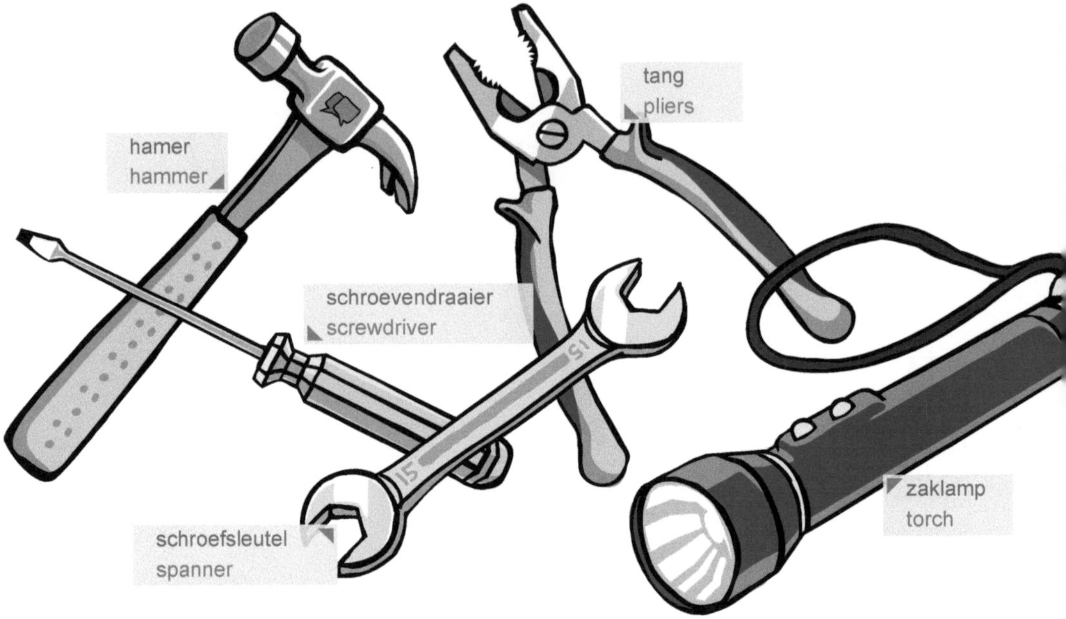
hamer
hammer
tang
pliers
schroevendraaier
screwdriver
schroefsleutel
spanner
zaklamp
torch

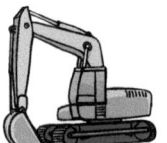

graafmachine

digger

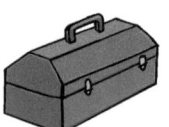

gereedschapskoffer

toolbox

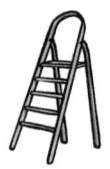

ladder

ladder

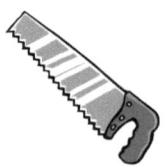

zaag

saw

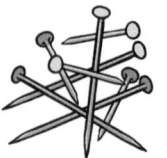

spijkers

nails

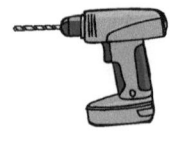

boormachine

drill

repareren

repair

schop

shovel

Verdomme!

Damn!

blik

dustpan

verfpot

paint pot

schroeven

screws

muziekinstrumenten
musical instruments

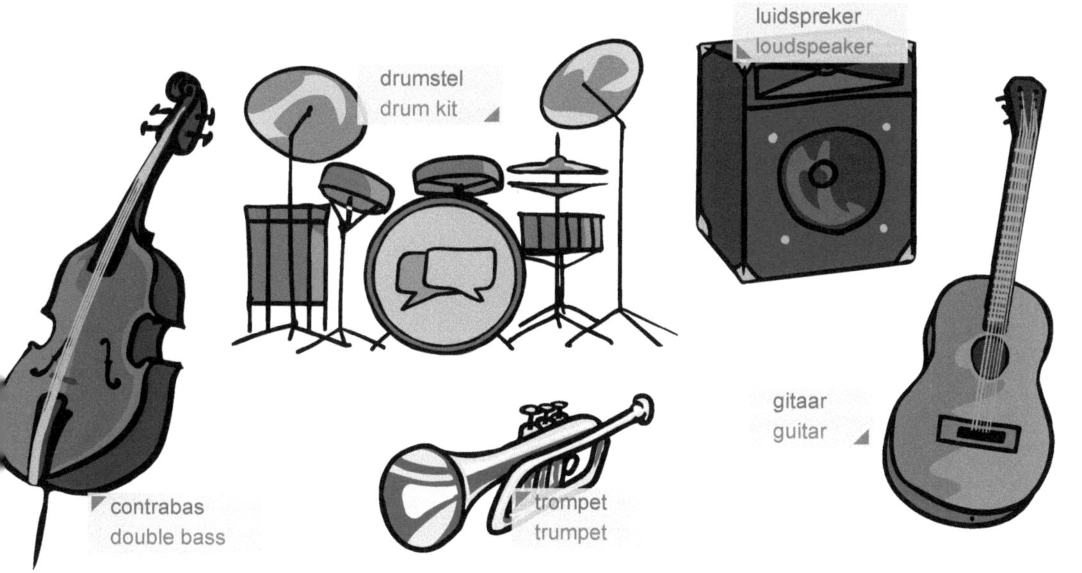

drumstel
drum kit ◢

luidspreker
loudspeaker

gitaar
guitar ◢

▸ contrabas
double bass

trompet
trumpet

piano

piano

viool

violin

basgitaar

bass

pauk

timpani

trommels

drums

keyboard

keyboard

saxofoon

saxophone

fluit

flute

microfoon

microphone

ZOO

ZOO

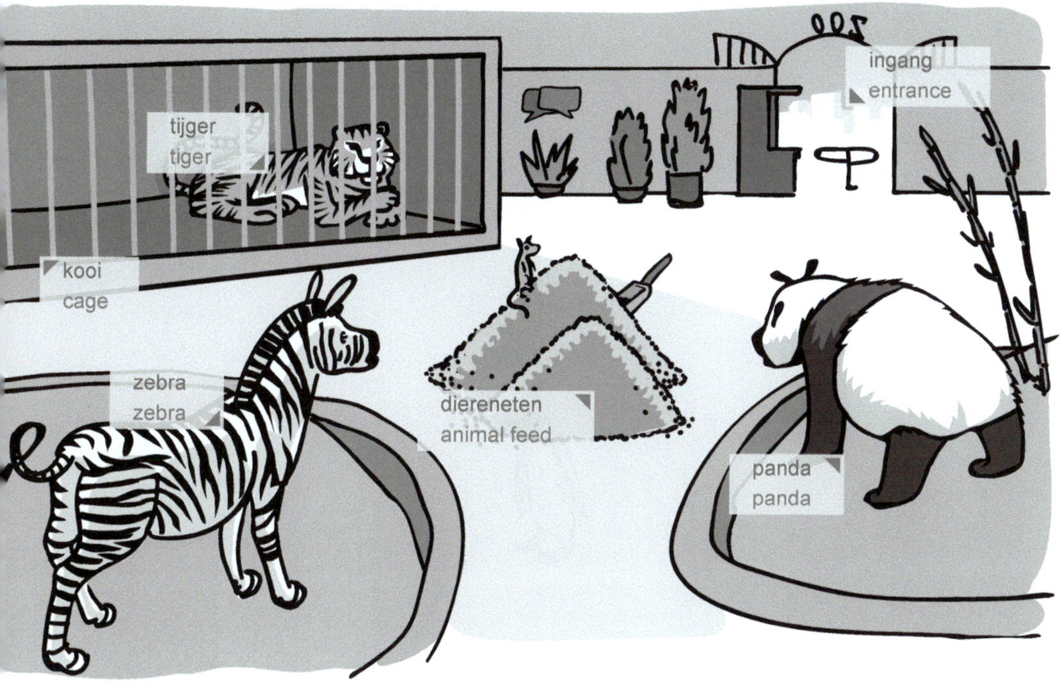

tijger
tiger
ingang
entrance
kooi
cage
zebra
zebra
diereneten
animal feed
panda
panda

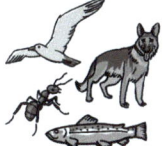

dieren

animals

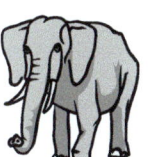

olifant

elephant

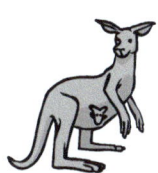

kangoeroe

kangaroo

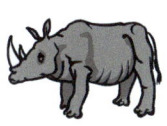

neushoorn

rhino

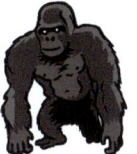

gorilla

gorilla

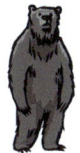

beer

bear

kameel

camel

struisvogel

ostrich

leeuw

lion

aap

monkey

flamingo

flamingo

papegaai

parrot

ijsbeer

polar bear

pinguïn

penguin

haai

shark

pauw

peacock

slang

snake

krokodil

crocodile

dierenverzorger

zookeeper

zeehond

seal

jaguar

jaguar

pony
pony

luipaard
leopard

nijlpaard
hippo

giraffe
giraffe

adelaar
eagle

wild zwijn
boar

vis
fish

zeeschildpad
turtle

walrus
walrus

vos
fox

gazelle
gazelle

rugby
American football

wielrennen
cycling

tennis
tennis

basketbal
basketball

zwemmen
swimming

boksen
boxing

ijshockey
ice hockey

voetbal

football

badminton

badminton

atletiek

athletics

handbal

handball

skiën

skiing

polo

polo

activiteiten
activities

lachen
laugh
springen
jump
knuffelen
hug
wandelen
walk
zingen
sing
dromen
dream
bidden
pray
kussen
kiss

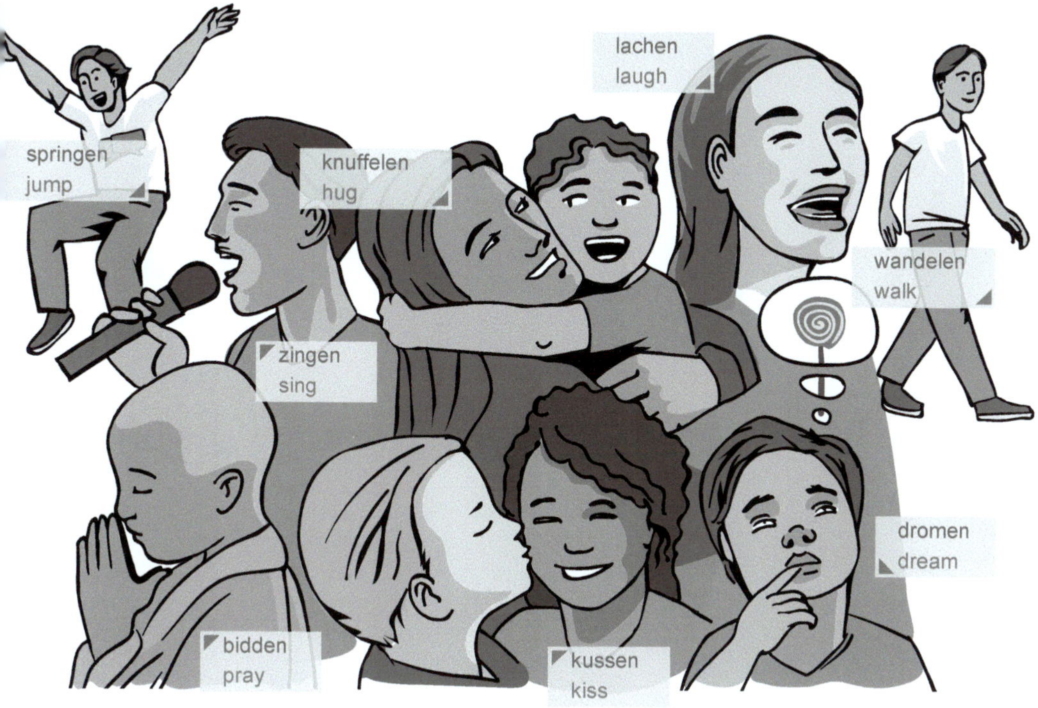

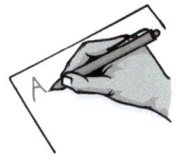

schrijven

write

tekenen

draw

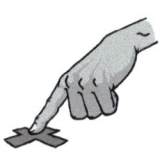

tonen

show

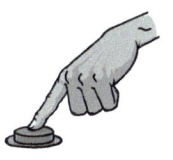

duwen

push

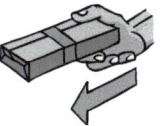

geven

give

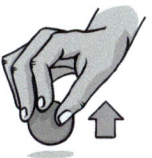

nemen

take

hebben

have

doen

do

zijn

be

staan

stand

lopen

run

trekken

pull

gooien

throw

vallen

fall

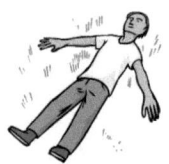

liggen

lie

wachten

wait

dragen

carry

zitten

sit

aankleden

get dressed

slapen

sleep

ontwaken

wake up

activiteiten - activities

kijken naar

look at

wenen

cry

aaien

stroke

kammen

comb

praten

talk

begrijpen

understand

vragen

ask

luisteren

listen

drinken

drink

eten

eat

opruimen

tidy up

houden van

love

koken

cook

rijden

drive

vliegen

fly

zeilen

sail

rekenen

calculate

Lezen

read

leren

learn

werken

work

trouwen

marry

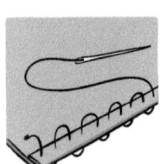

naaien

sew

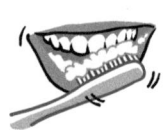

tandenpoetsen

brush teeth

doden

kill

roken

smoke

sturen

send

grootmoeder
grandmother

grootvader
grandfather

vader
father

moeder
mother

baby
baby

dochter
daughter

zoon
son

gast

guest

tante

aunt

oom

uncle

broer

brother

zus

sister

lichaam

body

voorhoofd
forehead
oog
eye
schouder
shoulder
vinger
finger
gezicht
face
kin
chin
hand
hand
been
leg
borst
breast
arm
arm

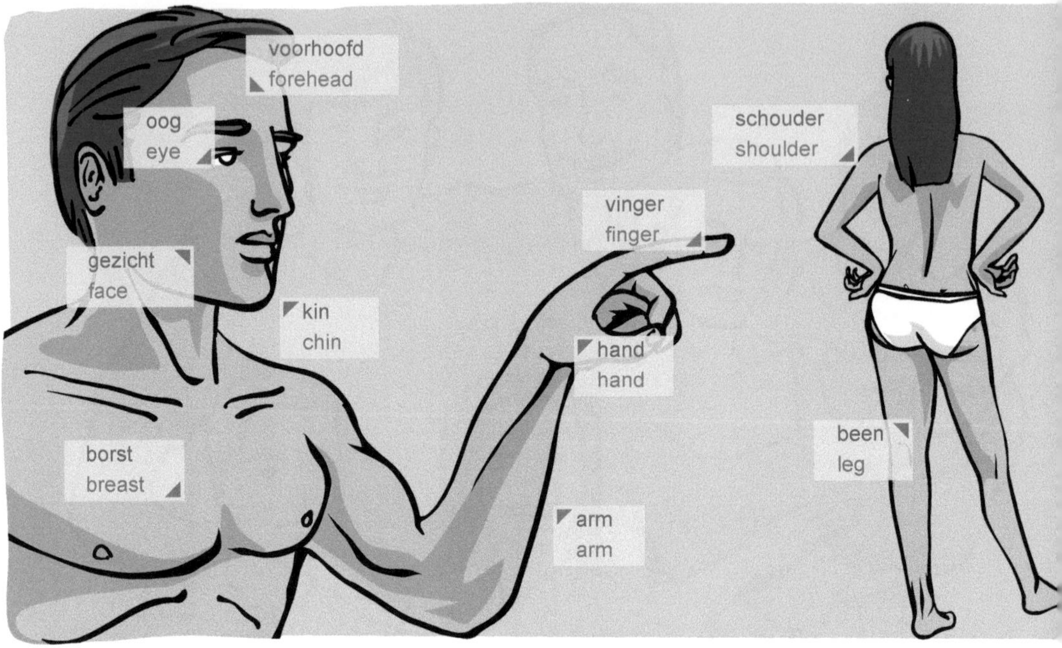

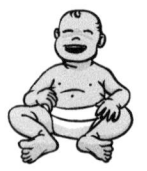

baby

baby

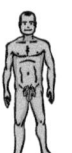

man

man

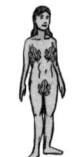

vrouw

woman

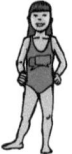

meisje

girl

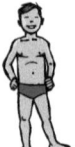

jongen

boy

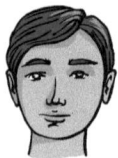

hoofd

head

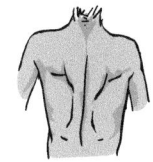

rug

back

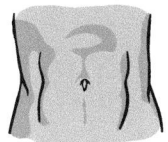

buik

belly

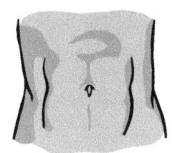

navel

belly button

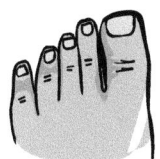

teen

toe

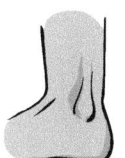

hiel

heel

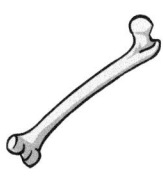

bot

bone

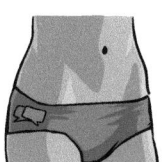

heup

hip

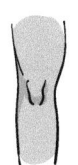

knie

knee

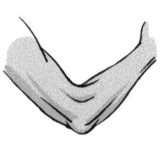

elleboog

elbow

neus

nose

zitvlak

bottom

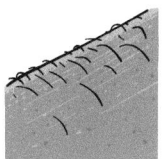

huid

skin

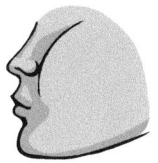

wang

cheek

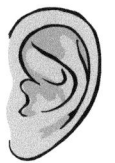

oor

ear

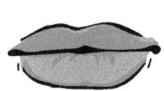

lip

lip

lichaam - body

mond
mouth

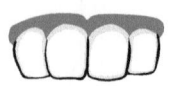

tand
tooth

tong
tongue

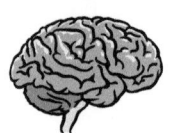

hersenen
brain

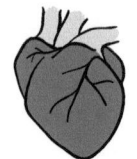

hart
heart

spier
muscle

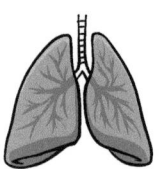

long
lung

lever
liver

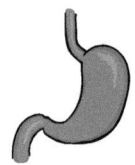

maag
stomach

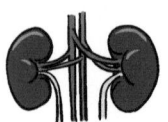

nieren
kidneys

seks
sex

condoom
condom

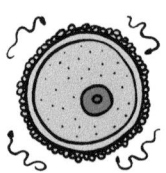

eicel
ovum

sperma
semen

zwangerschap
pregnancy

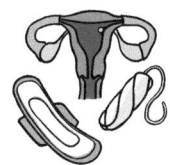

menstruatie

menstruation

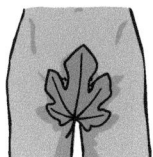

vagina

vagina

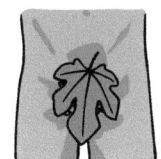

penis

penis

wenkbrauw

eyebrow

haar

hair

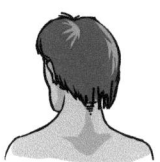

nek

neck

ziekenhuis
hospital

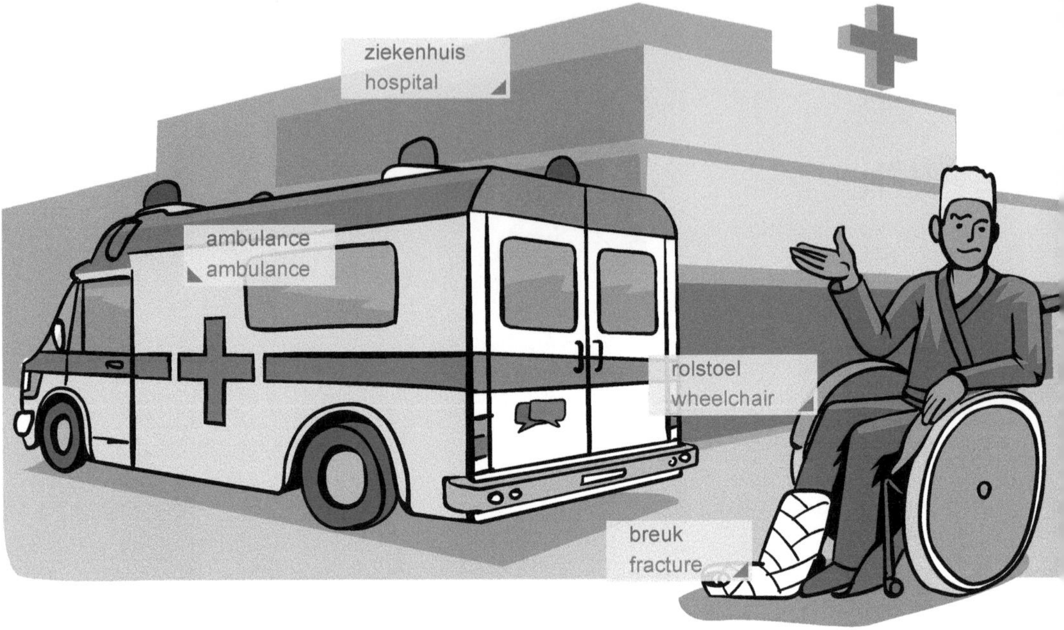

ziekenhuis
hospital
ambulance
ambulance
rolstoel
wheelchair
breuk
fracture

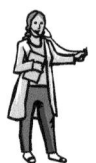

dokter

doctor

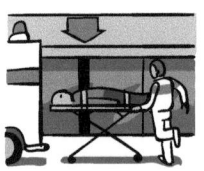

spoed

emergency room

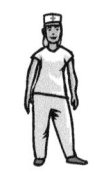

verpleegkundige

nurse

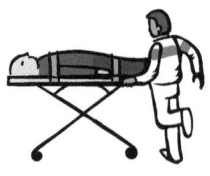

noodgeval

emergency

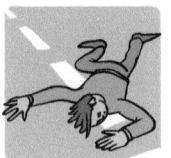

bewusteloos

unconscious

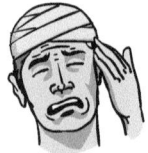

pijn

pain

verwonding

injury

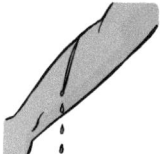

bloeding

bleeding

hartaanval

heart attack

beroerte

stroke

allergie

allergy

hoest

cough

koorts

fever

griep

flu

diarree

diarrhoea

hoofdpijn

headache

kanker

cancer

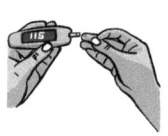

diabetes

diabetes

chirurg

surgeon

scalpel

scalpel

operatie

operation

CT

CT

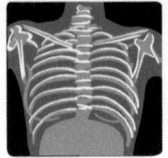

röntgenstraal

x-ray

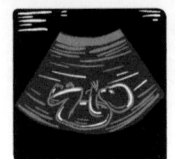

ultrageluid

ultrasound

gezichtsmasker

face mask

ziekte

disease

wachtkamer

waiting room

kruk

crutch

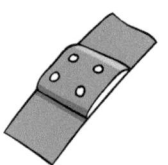

pleister

plaster

verband

bandage

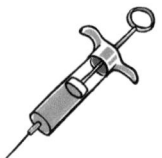

injectie

injection

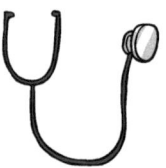

stethoscoop

stethoscope

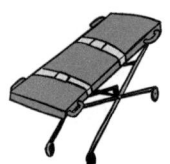

brancard

stretcher

thermometer

clinical thermometer

geboorte

birth

overgewicht

overweight

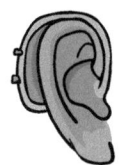

hoorapparaat

hearing aid

ontsmettingsmiddel

disinfectant

infectie

infection

virus

virus

HIV / AIDS

HIV / AIDS

medicijn

medicine

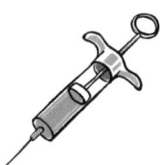

vaccinatie

vaccination

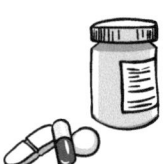

tabletten

tablets

pil

pill

noodoproep

emergency call

bloeddrukmeter

blood pressure monitor

ziek / gezond

ill / healthy

Help!

Help!

alarm

alarm

overval

assault

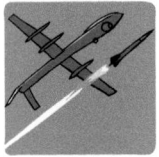

aanval

attack

gevaar

danger

nooduitgang

emergency exit

Brand!

Fire!

brandblusser

fire extinguisher

ongeval

accident

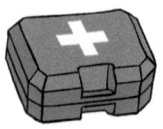

EHBO-kit

first-aid kit

SOS

SOS

politie

police

Europa

Europe

Noord-Amerika

North America

Zuid-Amerika

South America

Afrika

Africa

Azië

Asia

Australië

Australia

Atlantische Oceaan

Atlantic

Stille Oceaan

Pacific

Indische Oceaan

Indian Ocean

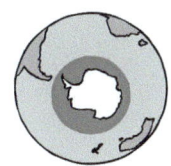

Antarctische Oceaan

Antarctic Ocean

Arctische Oceaan

Arctic Ocean

Noordpool

North Pole

Zuidpool

South Pole

Antarctica

Antarctica

aarde

Earth

land

land

zee

sea

eiland

island

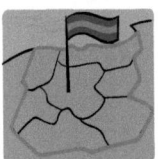

natie

nation

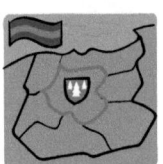

staat

state

wijzerplaat

clock face

uurwijzer

hour hand

minuutwijzer

minute hand

secondewijzer

second hand

Hoe laat is het?

What time is it?

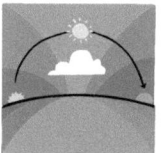

dag

day

tijd

time

nu

now

digitale horloge

digital watch

minuut

minute

uur

hour

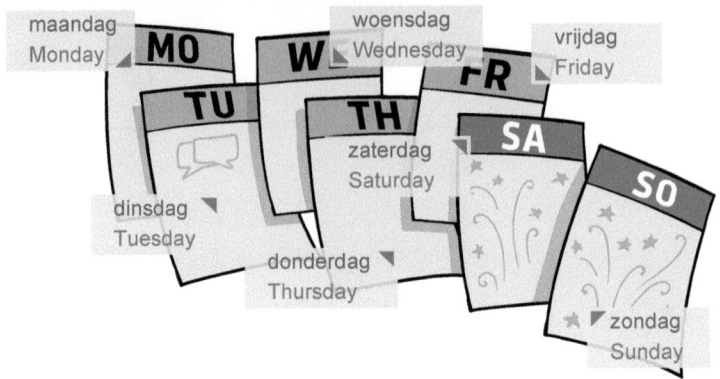

maandag / Monday
woensdag / Wednesday
vrijdag / Friday
dinsdag / Tuesday
zaterdag / Saturday
donderdag / Thursday
zondag / Sunday

gisteren

yesterday

vandaag

today

morgen

tomorrow

ochtend

morning

middag

noon

avond

evening

MO	TU	WE	TH	FR	SA	SU
1	2	3	4	5	6	7
8	9	10	11	12	13	14
15	16	17	18	19	20	21
22	23	24	25	26	27	28
29	30	31	1	2	3	4

werkdagen

business days

MO	TU	WE	TH	FR	SA	SU
1	2	3	4	5	6	7
8	9	10	11	12	13	14
15	16	17	18	19	20	21
22	23	24	25	26	27	28
29	30	31	1	2	3	4

weekend

weekend

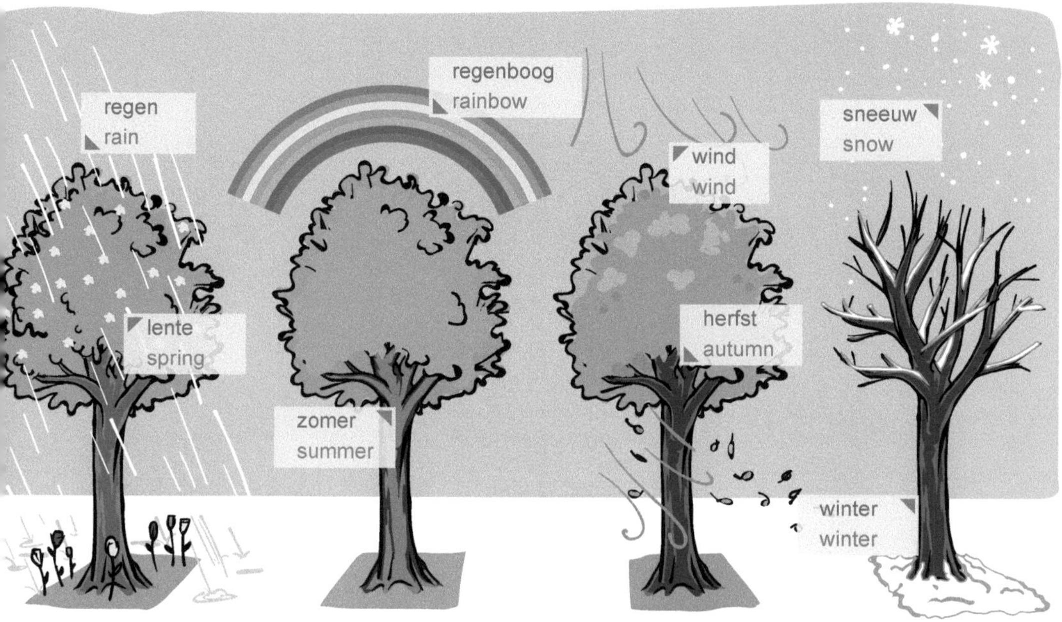

regen
rain
regenboog
rainbow
wind
wind
sneeuw
snow
lente
spring
zomer
summer
herfst
autumn
winter
winter

4.APRIL 11°
5.APRIL 4°
6.APRIL 13°
7.APRIL 8°
8.APRIL 10°

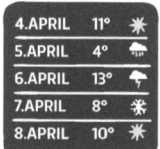

weervoorspelling

weather forecast

F C
120 40
90 30
60 20
30 10
0 0
-30 -10
-20

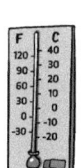

thermometer

thermometer

zonneschijn

sunshine

wolk

cloud

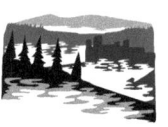

mist

fog

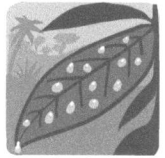

vochtigheid

humidity

bliksem

lightning

donder

thunder

storm

storm

hagel

hail

moesson

monsoon

overstroming

flood

ijs

ice

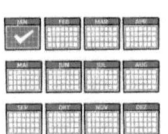

januari

January

februari

February

maart

March

april

April

mei

May

juni

June

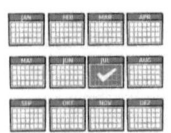

juli

July

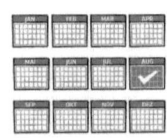

augustus

August

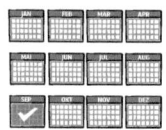

september
September

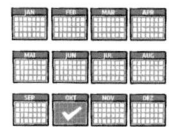

oktober
October

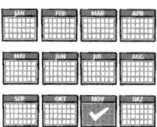

november
November

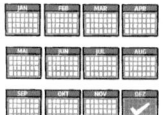

december
December

cirkel
circle

kwadraat
square

rechthoek
rectangle

driehoek
triangle

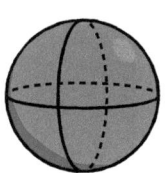

bol
sphere

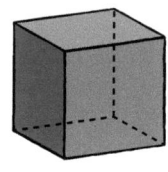

kubus
cube

kleuren
colours

wit

white

geel

yellow

oranje

orange

roze

pink

rood

red

paars

purple

blauw

blue

groen

green

bruin

brown

grijs

grey

zwart

black

veel / weinig

a lot / a little

boos / kalm

angry / calm

mooi / lelijk

beautiful / ugly

begin / einde

beginning / end

groot / klein

big / small

licht / donker

bright / dark

broer / zus

brother / sister

proper / vuil

clean / dirty

volledig / onvolledig

complete / incomplete

dag / nacht

day / night

dood / levend

dead / alive

breed / smal

wide / narrow

eetbaar / oneetbaar

edible / inedible

kwaadaardig / vriendelijk

evil / kind

opgewonden / verveeld

excited / bored

dik / dun

fat / thin

eerst / laatst

first / last

vriend / vijand

friend / enemy

vol / leeg

full / empty

hard / zacht

hard / soft

zwaar / licht

heavy / light

honger / dorst

hunger / thirst

ziek / gezond

ill / healthy

illegaal / legaal

illegal / legal

intelligent / dom

intelligent / stupid

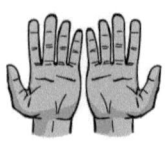

links / rechts

left / right

dichtbij / veraf

near / far

nieuw / gebruikt

new / used

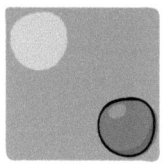

niets / iets

nothing / something

oud / jong

old / young

aan / uit

on / off

open / dicht

open / closed

stil / luid

quiet / loud

rijk / arm

rich / poor

juist / fout

right / wrong

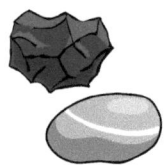

ruw / glad

rough / smooth

droevig / blij

sad / happy

kort / lang

short / long

traag / snel

slow / fast

nat / droog

wet / dry

warm / koud

warm / cool

oorlog / vrede

war / peace

0

nul

zero

1

één

one

2

twee

two

3

drie

three

4

vier

four

5

vijf

five

6

zes

six

7

zeven

seven

8

acht

eight

9

negen

nine

10

tien

ten

11

elf

eleven

12

twaalf

twelve

13

dertien

thirteen

14

veertien

fourteen

15

vijftien

fifteen

16

zestien

sixteen

17

zeventien

seventeen

18

achtien

eighteen

19

negentien

nineteen

20

twintig

twenty

100

honderd

hundred

1.000

duizend

thousand

1.000.000

miljoen

million

Engels

English

Amerikaans Engels

American English

Chinees (Mandarijn)

Chinese Mandarin

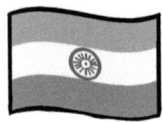

Hindi

Hindi

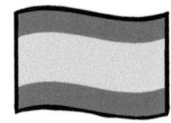

Spaans

Spanish

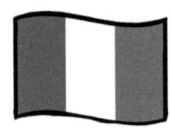

Frans

French

Arabisch

Arabic

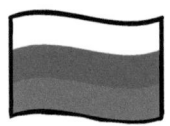

Russisch

Russian

Portugees

Portuguese

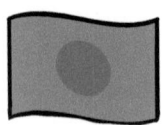

Bengali

Bengali

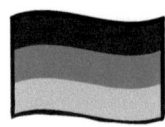

Duits

German

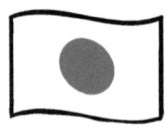

Japans

Japanese

ik
I

u
you

hij / zij / het
he / she / it

wij
we

u
you

ze
they

wie?
who?

wat?
what?

hoe?
how?

waar?
where?

wanneer?
when?

naam
name

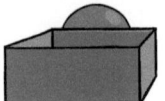

achter

behind

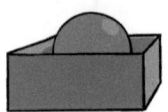

in

in

voor

in front of

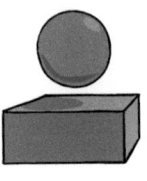

boven

over

op

on

onder

under

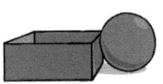

naast

beside

tussen

between

plaats

place